안데르센 동화로
한번에 키우기

2
6~7세

책장속
BOOKS

한글 떼고 바로 하는 문해력 향상 프로그램
(안데르센 동화로) 한 번에 키우기 2

초판 3쇄 발행 2024년 2월 28일

집 필 신효원
펴낸이 신호정
펴낸곳 책장속북스
신고번호 제 2020-000111호
주소 서울시 송파구 양재대로 71길 16-28 원당빌딩 4층
대표전화 02)2088-2887 **|** **팩스** 02)6008-9050
인스타그램 @langlab_kiz **|** **블로그** blog.naver.com/langlab_kiz
이메일 chaeg_jang@naver.com

기 획 & 개 발 어린이언어연구소
편 집 전유림 **|** **웹마케팅** 이혜연
삽 화 제이나 **|** **디자인** 이지숙

ISBN 979-11-97836-01-1
SET 979-11-972489-0-0(세트)

머리말

언어로 생각하고 표현할 수 있는 힘을 키워 줄 때입니다

국어 능력이 그 어느 때보다 강조되는 요즘입니다. 글을 읽을 수는 있으나 그 의미를 파악하기 어려워하는 아이들이 늘어 가고, 생각을 언어로 표현할 줄 아는 능력은 소수의 아이들만이 향유한 영역이 되어 가고 있기 때문입니다.

국어 능력의 밑바탕에는 생각할 줄 아는 힘이 있어야 합니다. 생각하며 글을 읽고 그 생각을 표현해 보는 과정이 반복될 때 아이들의 국어 능력은 비로소 성장합니다. 이러한 과정을 꾸준히 거친 아이들은 글의 수준이 높아져도, 글의 길이가 길어져도 글의 맥락을 무리 없이 파악하고 내용과 어휘를 유추할 수 있으며 자기 생각을 표현할 수 있게 됩니다.

이 책은 '유아기 아이들의 국어 능력을 어떻게 하면 건강하고 탄탄하게 키워 줄 수 있을까?'에 대한 고민에서 출발했습니다. 짧은 글을 읽고 단편적인 문제를 기계적으로 풀어 보는 과정은 아이들의 국어 능력 향상에 도움이 되지 않습니다. 그렇기에 이야기를 읽으며 이런저런 생각 주머니를 꺼내 보고 인물의 감정을 추측해 보고 자기 생각을 표현해 보는 과정을 이 책에 담아내고자 노력했습니다.

한키 는 하나의 이야기를 이렇게 읽어 달라는 당부가 들어 있는 책입니다. 한키 를 통해 유아기 아이들이 바람직한 읽기 과정을 연습하고 그것을 습관화할 수 있게 되기를, 언어를 바탕으로 다양한 생각을 한 번이라도 더 해 보는 기회를 가질 수 있기를 기대합니다.

국어 능력은 '생각'이라는 밑거름을 바탕으로 글의 이해와 유추, 표현의 과정이 유기적으로 이루어져야 향상됩니다. 한키 를 통해 아이들이 우리말로 생각하고 추측하고 우리말을 자유자재로 사용해 볼 수 있는 출발점을 마련할 수 있었으면 좋겠습니다. 우리 아이들의 국어 능력이 건강하게 커나갈 수 있기를 간절히 바랍니다.

저자 신효원

저자 소개
현 어린이언어연구소 소장
이화여자대학교 국어국문학
이화여자대학교 국제대학원 한국학 석사
이화여자대학교 국제대학원 한국학 박사 수료

한글 떼고! 바로 하는 〈한 번에 키우기〉

● 이제는 언어로 생각하는 연습을 시작할 때입니다

국어 능력은 생각하는 힘에서 출발합니다. 유아기부터 생각 주머니를 자유롭게 열어 볼 수 있는 언어 자극이 수시로 제공되어야 아이들은 언어로 생각하고 읽고 표현하는 힘을 기를 수 있습니다. 유아기부터 언어로 생각하는 습관을 잡을 수 있도록 도와주세요.

● 정해진 답안이 없는 문제를 자주 만나게 해 주세요

아이들의 국어 학습은 '정해진 답안이 없는 문제를 통해 자기만의 생각을 꺼내 보는 것'으로부터 시작되어야 합니다. 즉, 아이들이 흥미를 가지는 이야기를 '부담 없이 읽고' 그에 대해 '자유롭게 생각'하며 그것을 '거침없이 표현'하는 데에서 국어 능력은 발전합니다. 그렇기에 이야기를 어떠한 방식으로 해석하고 표현하는지에 따라 향후 아이들의 국어 실력은 천차만별이 되지요.

아이들의 이러한 능력을 키워 주기 위해서는 '쉽고 재미있는 이야기'와 '그것을 활용한 다양한 유형의 놀이 혹은 문제'가 우선되어야 합니다.

🍀 그래서 〈한 번에 키우기〉는 준비했습니다!

첫째,

아이들이 좋아하는 〈안데르센 동화〉를 지문으로 준비했습니다. 특히, 안데르센 명작 동화 중 아이들에게 있어 가장 친숙한 4가지 이야기를 선정했습니다. 한글을 뗀 우리 아이들은 '인어 공주', '장난감 병정', '바보 한스', '엄지 공주' 이야기를 통해 국어 공부에 대한 거부감 없이 국어 학습을 시작할 수 있습니다.

추가로 생동감 넘치는 삽화가 수록되어 있어 이야기의 흐름을 파악하기 쉬울뿐더러, 이어질 내용을 상상해 볼 수 있습니다. 아이들의 흥미를 자극하는 '재미있는 글 읽기'가 이루어지길 기대합니다.

둘째,

이야기를 읽으며 그 안에서 사고, 어휘, 독해, 표현 4가지 영역의 능력을 통합적으로 향상할 수 있는 장치를 준비했습니다. 〈한 번에 키우기〉 시리즈만의 4가지 유형으로 구성된 통합 국어 학습프로그램입니다.

사고	+	어휘	+	독해	+	표현
● 이야기에 등장하는 인물의 생각과 감정을 짐작해 보아요		● 이야기 속 다양한 어휘를 만나요		● 이야기를 읽고 글의 맥락을 제대로 파악해요		● 나만의 해석을 글·그림으로 자유롭게 표현해요
● 이야기와 관련된 질문 활동을 통해 생각을 확장해요		● 배운 어휘를 상황에 맞추어 적용해 보아요		● 글의 흐름을 이해하며 책 읽기의 즐거움에 빠져요		● 이야기를 읽고 엄마, 아빠와 생각을 자유롭게 주고받아요

〈한 번에 키우기〉의 구성 & 활용법

- 안데르센 동화로 〈한 번에 키우기 2〉에는 총 4편의 안데르센 동화 전문이 지문으로 담겼습니다.
- 아이들은 한 주차(5일 분량)마다 1편의 이야기를 읽고 관련 문제를 풀어 보는 시간을 가집니다.
- 학습 과정은 총 4주(20일 분량)에 걸쳐 완료됩니다.

PART 1. 생각하며 준비해요

이야기를 읽기 전, 이야기의 내용을 짐작하고 생각을 나누어 보는 단계입니다.

> 핵심 단어를 사용해 아이가 짧은 문장을 말하게 해도 좋아요!

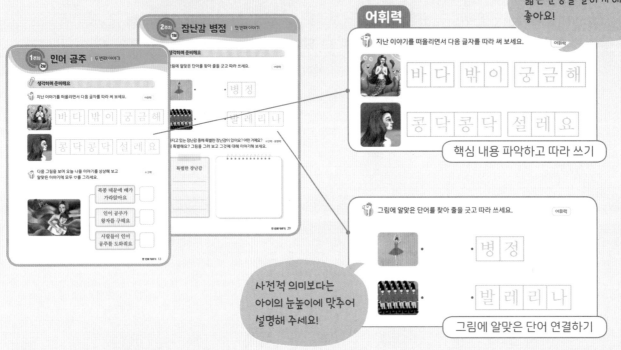

핵심 내용 파악하고 따라 쓰기

그림에 알맞은 단어 연결하기

> 사전적 의미보다는 아이의 눈높이에 맞추어 설명해 주세요!

PART 2. 생생하게 읽어봐요

안데르센의 4가지 명작 〈인어 공주〉, 〈장난감 병정〉, 〈바보 한스〉, 〈엄지 공주〉의 전문을 읽는 단계입니다.

> 순간을 생생하게 담은 동화 삽화를 통해 나만의 장면을 그려 봐요!

> 소리나 모양을 흉내 내는 의성어·의태어를 강조해 더욱 생동감 있게 읽어요!

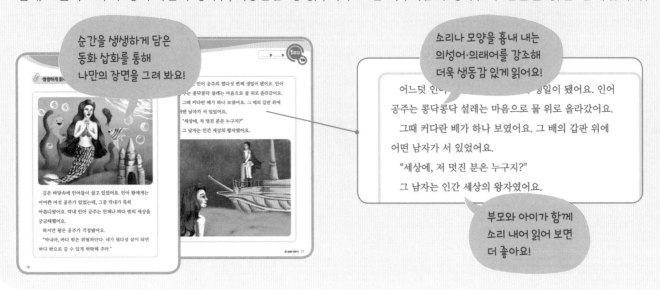

어느덧 인어 ... 생일이 됐어요. 인어 공주는 콩닥콩닥 설레는 마음으로 물 위로 올라갔어요. 그때 커다란 배가 하나 보였어요. 그 배의 갑판 위에 어떤 남자가 서 있었어요.
"세상에, 저 멋진 분은 누구지?"
그 남자는 인간 세상의 왕자였어요.

> 부모와 아이가 함께 소리 내어 읽어 보면 더 좋아요!

PART 3. 재미있게 풀어요

이야기를 읽은 후 내용과 관련된 다양한 문제를 통해 사고력·어휘력·독해력·표현력 등의 통합 국어 능력을 키웁니다.

아이의 상황에 그대로 적용해 공감, 상상하게 해도 좋아요!

사고력

인어 공주는 왜 눈물을 흘렸어요?
인어 공주의 생각으로 알맞은 답을 찾아 색칠하세요.

저는 물거품이 되고 말 거예요

다시 인어 공주가 되어야 해요

등장인물의 감정과 생각 이해하기

독해력

인어 공주를 찾아온 언니들의 머리카락이 짧아진 이유를 모두 골라 ☆을 그리세요.

마녀의 칼과 바꿔서	
인어 왕에게 혼이 나서	
동생이 물거품이 되는 것을 막으려고	

원인과 결과 파악하기

답을 찾기 어렵다면 지문으로 돌아가 함께 천천히 읽어 보세요.

표현 방식에 정답은 없어요. 자유롭고 다채롭게 표현하도록 이끌어 주세요!

표현력

마녀를 만나기 전과 후의 인어 공주는 달라졌어요? 자유롭게 그리고 이야기해 보세요.

자유롭게 생각하고 표현하기

· 이야기의 흐름 파악하기
· 세부 정보 파악하기
· 이야기의 장면 상상하기 등
※ 그 외 다양한 문제로 구성되어 있습니다.

아이 생각 키우는 부모 TIP

아이가 아닌 '부모'를 위한 가이드입니다!

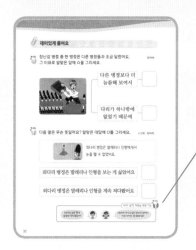

아이 생각 키우는 부모 Tip

OO이는 눈을 뗄 수 없었던 적이 있었어?

OO이가 가지고 있는 장난감 중에서 가장 아끼는 건 뭐야? 왜?

이야기의 중심 내용과 관련된 일상의 질문을 아이에게 가볍게 던져 주세요. 아이와 생각을 주고받으며 서로의 생각의 틀을 넓힐 수 있어요.

차례

인어 공주 | 첫 번째 이야기

 생각하며 준비해요

 그림에 알맞은 단어를 찾아 줄을 긋고 따라 쓰세요. ＿어휘력＿

 •

•

 •

•

 여러분이 인어라면 바닷속에서 무엇을 하고 무슨 생각을 할까요?
인어가 된 자기 모습을 그려 보고 말풍선을 채워 보세요. ＿사고력·표현력＿

　깊은 바닷속에 인어들이 살고 있었어요. 인어 왕에게는 어여쁜 여섯 공주가 있었는데, 그중 막내가 특히 아름다웠어요. 막내 인어 공주는 언제나 바다 밖의 세상을 궁금해했어요.

　하지만 왕은 공주가 걱정됐어요.

　"막내야, 바다 밖은 위험하단다. 네가 열다섯 살이 되면 바다 밖으로 갈 수 있게 허락해 주마."

어느덧 인어 공주의 열다섯 번째 생일이 됐어요. 인어 공주는 콩닥콩닥 설레는 마음으로 물 위로 올라갔어요.

그때 커다란 배가 하나 보였어요. 그 배의 갑판 위에 어떤 남자가 서 있었어요.

"세상에, 저 멋진 분은 누구지?"

그 남자는 인간 세상의 왕자였어요.

재미있게 풀어요

 인어 공주와 왕의 생각을 찾고 그 이유로 알맞은 것에 연결하세요. 독해력

| 인어 공주 • | • 바깥세상은 위험하니까 • | • 궁금해요 |
| 왕 • | • 바깥세상이 어떨까 • | • 걱정해요 |

 물 위로 올라가 왕자를 본 인어 공주는 어떤 생각을 했을까요? 사고력
어울리는 생각에 모두 색칠하세요.

멋져요

위험해요

무서워요

이야기 나누고 싶어요

아이 생각 키우는 부모 Tip

○○이는 어떨 때 콩닥콩닥 설레?

 생각하며 준비해요

 지난 이야기를 떠올리면서 다음 글자를 따라 써 보세요. 　(어휘력)

| 바 | 다 | 밖 | 이 | 궁 | 금 | 해 |

| 콩 | 닥 | 콩 | 닥 | 설 | 레 | 요 |

 다음 그림을 보며 오늘 나올 이야기를 상상해 보고 알맞은 이야기에 모두 ♡를 그리세요. 　(사고력)

폭풍 때문에 배가 가라앉아요 [ ]

인어 공주가 왕자를 구해요 [ ]

사람들이 인어 공주를 도와줘요 [ ]

그때였어요. 갑자기 폭풍이 몰아치더니 왕자가 탄 배가
바닥으로 가라앉았어요. 공주는 재빨리 왕자를 구해서
해안가로 데려갔어요.

"저기 왕자님이 계신다!"

조금 뒤 사람들이 몰려오는 소리가 들렸어요. 인어 공주는
'풍덩!' 물속으로 몸을 숨겼지요.

'왕자님은 괜찮으실까?'

인어 공주는 매일 아침, 저녁으로 해안가에 가서 왕자를 찾았어요. 하지만 왕자의 모습은 그 어디에서도 볼 수 없었어요.

왕자가 너무 보고 싶었던 인어 공주는 결국 마녀를 찾아 갔어요.

재미있게 풀어요

 인어 공주가 한 행동을 순서에 맞게 번호로 쓰세요.   독해력

| 왕자를 구했어요 | 1 |

| 마녀를 찾아갔어요 | |

| 해안가로 가서 왕자를 찾았어요 | |

 인어 공주는 마녀를 찾아가서 무슨 부탁을 할까요?   사고력
알맞은 대답에 모두 색칠하세요.

왕자를
만나고 싶어요

가족과 행복하게
살고 싶어요

아름다운 목소리를
갖게 해 주세요

사람 다리를
갖게 해 주세요

아이 생각 키우는 부모 Tip

왕자를 만날 수 없었던
인어 공주는 어떤 마음이었을까?

📎 **생각하며 준비해요**

 지난 이야기를 떠올리면서 다음 글자를 따라 써 보세요. 　어휘력

왕 자 를 　 구 했 어 요

볼 　 수 　 없 었 어 요

 지난 이야기의 마지막 장면이에요. 앞으로 어떤 일이 벌어질까요? 　사고력
알맞은 그림을 골라 보세요.

왕자가 너무 보고 싶었던 인어 공주는
결국 마녀를 찾아갔어요.

☐

마녀가 인어 공주를
물거품으로 만들어요

☐

두 다리가 생겨요

마녀를 찾아간 인어 공주는 이렇게 말했어요.

"사람의 다리를 갖게 해 주세요."

그러자 마녀가 말했어요.

"너의 꾀꼬리같이 맑은 목소리를 내게 주면 다리를 가지게
해 주마." 공주는 잠시 고민하더니 고개를 끄덕거렸어요.

"하지만 잊지 마. 왕자가 다른 사람과 결혼하면 너는
물거품이 되어 사라질 거야."

　　마침내 두 다리가 생긴 인어 공주는 왕자가 있는 궁궐에 갔어요.

　　"그대는 누구신가요? 어디에서 오셨습니까?"

　　왕자가 인어 공주에게 물었지만, 목소리를 빼앗긴 인어 공주는 대답하지 못했어요.

　　왕자는 인어 공주에게 깨끗한 방과 맛있는 음식을 주고 보살펴 주었어요. 인어 공주는 왕자와 함께 궁궐에서 행복한 시간을 보냈어요.

재미있게 풀어요

 누가 무슨 말을 했어요? 알맞은 것에 줄을 이으세요.

 •

• "어디에서 오셨습니까?"

 •

• "다리를 갖게 해 주세요."

 •

• "물거품이 되어 사라질 거야."

 마녀를 만나기 전과 후의 인어 공주는 무엇이 어떻게 달라졌어요? 자유롭게 그리고 이야기해 보세요.

 ➡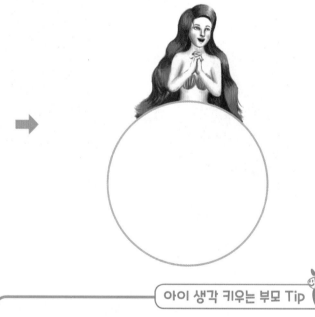

아이 생각 키우는 부모 Tip

○○이는 누구와 뭘 할 때
가장 행복해?

인어 공주 | 네 번째 이야기

 생각하며 준비해요

 지난번 <인어 공주> 이야기를 기억해 보고 순서에 맞는 번호를 쓰세요. 사고력·독해력

 1

 지난 이야기를 떠올리면서 다음 글자를 따라 써 보세요. 어휘력

 다 리 를

갖 게 됐 어 요

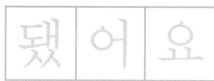 보 살 펴 줬 어 요

그러던 어느 날, 인어 공주는 왕자가 이웃 나라의 공주와
결혼한다는 사실을 알게 됐어요. 인어 공주의 커다란 눈에
눈물이 방울방울 맺혔어요.

그날 밤이었어요.

"막내야! 막내야!"

밖을 나가 보니, 인어 공주의 다섯 언니들이 와 있었어요.

짧은 머리가 된 언니들은 칼을 건네며 외쳤어요.

"마녀에게 우리의 머리카락을 주고 이 칼을 얻었단다.

이걸로 왕자의 심장을 찌르면 너는 다시 인어가 될 수

있어!"

재미있게 풀어요

 인어 공주는 왜 눈물을 흘렸어요?
인어 공주의 생각으로 알맞은 답을 찾아 색칠하세요.

저는 물거품이
되고 말 거예요

다시 인어 공주가
되어야 해요

 인어 공주를 찾아온 언니들의 머리카락이 짧아진 이유를
모두 골라 ☆을 그리세요.

마녀의 칼과 바꿔서

인어 왕에게 혼이 나서

동생이 물거품이 되는
것을 막으려고

아이 생각 키우는 부모 Tip

○○이가 인어 공주라면
앞으로 어떻게 할 것 같아?

1주차 5일 인어 공주 | 다섯 번째 이야기

 생각하며 준비해요

 지난 이야기를 떠올리면서 다음 글자를 따라 써 보세요.   어휘력

눈 물 이 맺 혔 어 요

언 니 가 외 쳤 어 요

 지난 이야기의 마지막 장면이에요.   사고력
인어 공주는 앞으로 어떻게 될까요? 알맞은 그림을 골라 보세요.

 "마녀에게 우리의 머리카락을 주고 이 칼을 얻었단다.
이걸로 왕자의 심장을 찌르면 너는 다시 인어가 될 수 있어!"

☐

인어로 돌아가
행복하게 살아요

☐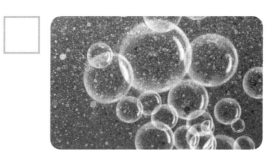

물거품이 되고 말아요

드디어 결혼식 날이 되었어요. 왕자와 이웃 나라 공주는 화려한 배 안에서 결혼식을 치렀어요. 많은 사람이 두 사람을 축하해 주었지만, 인어 공주의 눈에서는 눈물이 주르륵 흘렀어요.

인어 공주는 차마 사랑하는 사람을 찌르지 못했어요.

인어 공주는 결국 칼을 버리고 바닷속으로 몸을 던졌어요.
그러자 바다에서 보글보글 물거품이 일기 시작했어요.
투명하고 아름다운 무지갯빛 물거품은 하늘로 두둥실 날아
갔어요.

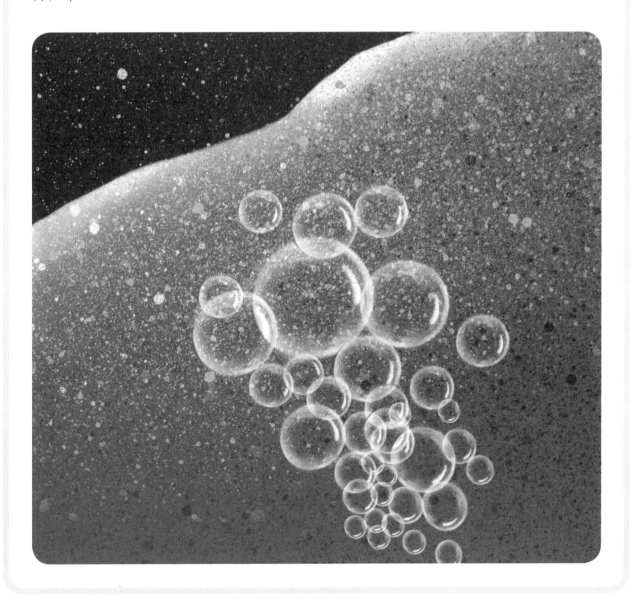

재미있게 풀어요

 다음을 읽고 어울리는 말을 골라 표시해 보세요.   독해력

> 왕자는 (이웃 나라 공주 / 인어 공주)와 결혼했어요.

> 인어 공주는 언니들의 말대로 (했어요 / 하지 못했어요).

 인어 공주는 결국 물거품이 되었어요.   독해력
그 이유로 맞는 대답에 색칠하세요.

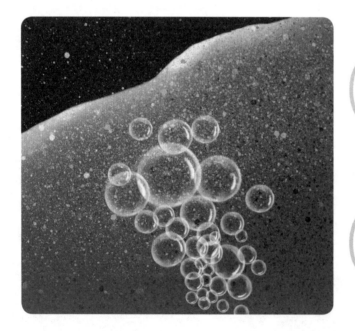

바다로 돌아가고
싶어서

사랑하는 사람을
칼로 찌를 수 없어서

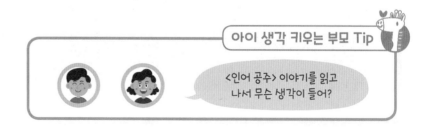

아이 생각 키우는 부모 Tip

<인어 공주> 이야기를 읽고
나서 무슨 생각이 들어?

28

생각하며 준비해요

 그림에 알맞은 단어를 찾아 줄을 긋고 따라 쓰세요. 　어휘력

 •

• 병 정

 •

• 발 레 리 나

 가지고 있는 장난감 중에 특별한 장난감이 있어요? 어떤 거예요? 　사고력·표현력
왜 특별해요? 그림을 그려 보고 그것에 대해 이야기해 보세요.

특별한 장난감

_____

_____

_____

_____

  한 소년의 생일이었어요. 소년의 아버지는 소년에게 선물로
장난감 병정들을 사 주었어요.

  스물다섯 명의 장난감 병정들은 아주 늠름해 보였어요.
그런데 한 병정은 다른 병정들과 조금 달랐어요. 다리가
하나밖에 없었거든요.

소년은 외다리 병정을 선반 위에 두었어요. 선반 위에는 여러 가지 장난감들이 많이 있었어요. 그중 발레리나 인형은 한쪽 다리를 들어 춤을 추는 듯한 모양을 하고 있었지요.

'저 아름다운 분도 나처럼 다리가 하나뿐이네!'

외다리 병정은 발레리나 인형에게서 눈을 뗄 수 없었어요.

재미있게 풀어요

 장난감 병정 중 한 병정은 다른 병정들과 조금 달랐어요.
그 이유로 알맞은 답에 ☆을 그리세요.

독해력

다른 병정보다 더
늠름해 보여서

다리가 하나밖에
없었기 때문에

 다음 말은 무슨 뜻일까요? 알맞은 대답에 O를 그리세요.

사고력 · 독해력

 외다리 병정은 발레리나 인형에게서
눈을 뗄 수 없었어요.

외다리 병정은 발레리나 인형을 보는 게 싫었어요

외다리 병정은 발레리나 인형을 계속 쳐다봤어요

아이 생각 키우는 부모 Tip

 OO이는 눈을 뗄 수
없었던 적이 있었어?

 OO이가 가지고 있는 장난감 중에서
가장 아끼는 건 뭐야? 왜?

 생각하며 준비해요

 지난 이야기를 떠올리면서 다음 글자를 따라 써 보세요. 어휘력

외 다 리 병 정

눈 을 뗄 수 없 어 요

 다음 그림을 보며 오늘 나올 이야기를 상상해 보고 어울리는 말을 골라 표시해 보세요. 사고력

검은 괴물 인형은 외다리 병정을
(좋아할 것 같아요 | 싫어할 것 같아요).

검은 괴물 인형은 외다리 병정을
(도와줄 것 같아요 | 괴롭힐 것 같아요).

　밤이 되자 구석에 있던 인형들이 하나둘씩 나오기 시작
했어요. 검은 괴물 인형도 찡그린 표정으로 슬금슬금 기어
나왔어요. 그는 발레리나 인형에게 관심을 보이는 외다리
병정이 마음에 들지 않았어요.

　'감히 누구를 넘봐? 어디 두고 보자.'

　　다음날, 소년은 외다리 병정을 가지고 놀다가 창가에 잠시 올려놓았어요. 그런데 바람이 세게 불어 외다리 병정은 창문 밖으로 떨어지고 말았어요.

　　이때 길가에서 놀던 장난꾸러기 아이들이 바닥에 떨어진 외다리 병정을 보았어요. 아이들은 외다리 병정을 종이배에 태워 개울가에 띄웠어요.

재미있게 풀어요

 누가 무엇을 했어요? 알맞은 것에 줄을 이으세요. 독해력

 •   • 외다리 병정을
                              종이배에 태웠어요

 •   • 외다리 병정이 마음에
                              들지 않았어요

 •   • 외다리 병정을
                              창가에 두었어요

 종이배를 타고 어디론가 가게 된 병정은 무슨 생각을 했을까요? 사고력
알맞은 답을 모두 골라 색칠하세요.

어디로
가는 걸까?

발레리나 인형과
다시 만날 수 있을까?

신나는 일이
생길 것 같아!

아이 생각 키우는 부모 Tip

OO이는 길을 가다가 바닥에 떨어진
인형을 보면 어떻게 할 거야?

외다리 병정은 발레리나 인형을
다시 만날 수 있을까?

36

📎 생각하며 준비해요

 지난 이야기를 떠올리면서 다음 글자를 따라 써 보세요. 〔어휘력〕

장	난	꾸	러	기

종	이	배	를	탔	어	요

 여러분이 장난감 병정이라면 종이배를 타고 무엇을 할 거예요? 〔사고력·표현력〕
하고 싶은 것을 자유롭게 골라 색칠하고 이야기해 보세요.

강으로
가요

여기저기
구경해요

모험을
즐겨요

심술쟁이
쥐를 만나요

물고기와
장난쳐요

　외다리 병정이 탄 배는 물을 타고 흘러 흘러 배수로로 들어갔어요. 어두운 배수로에는 심술쟁이 쥐가 한 마리 있었어요.

　"누구냐 넌! 내 허락 없이는 이곳을 지나갈 수 없어!"

　심술쟁이 쥐는 외다리 병정을 계속 따라오며 괴롭혔어요. 외다리 병정은 당황했지만, 한 다리로 꿋꿋이 버티며 앞으로 나아갔어요.

　　외다리 병정이 탄 배는 시간이 흘러 어느덧 강물까지
내려왔어요. 종이배는 이미 너덜너덜해져 외다리 병정은
결국 물에 빠지고 말았어요.

　　이때 지나가던 물고기 한 마리가 외다리 병정을 한입에
'꿀꺽!' 삼켜버렸어요. 병정은 물고기의 배 속에서 간절히
기도했어요.

재미있게 풀어요

 외다리 병정에게 일어난 일이 알맞게 쓰인 물고기를 모두 찾아 색칠하세요. 　독해력

쥐를 만났어요

쥐와 싸웠어요

강물에 빠졌어요

 물고기의 배 속에서 병정은 간절히 기도했어요.
무슨 기도를 했을까요? 알맞은 답에 ☆를 그리세요. 　사고력

종이배를 가지고 놀게 해 주세요

발레리나 인형을 다시 만나게 해 주세요

 아이 생각 키우는 부모 Tip

물고기 배 속으로 들어간 병정은 어떤 기분이 들까?

 📎 **생각하며 준비해요**

 지난번 <장난감 병정> 이야기를 기억해 보고 순서에 맞는 번호를 쓰세요. (사고력·독해력)

 1
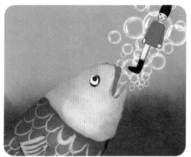

 지난 이야기를 떠올리면서 다음 글자를 따라 써 보세요. (어휘력)

괴 롭 혔 어 요

꿀 꺽 삼 켰 어 요

며칠 뒤 물고기는 어느 어부에게 잡히고 말았어요.

물고기는 곧장 시끌벅적한 시장으로 옮겨졌어요. 그때 마침

시장에 온 소년의 엄마가 물고기를 사서 집으로 돌아왔어요.

외다리 병정은 그렇게 집으로 다시 오게 됐어요.

검은 괴물 인형은 돌아온 외다리 병정이 못마땅했어요. 그래서 어느 날, 외다리 병정을 벽난로로 확 밀어버렸어요.

외다리 병정은 뜨거운 불길 속으로 떨어졌어요. 온몸이 불타는 중에도 외다리 병정의 눈은 발레리나 인형을 향했어요. 발레리나 인형 역시 외다리 병정을 쳐다봤지요.

재미있게 풀어요

 외다리 병정은 다시 소년의 집으로 돌아오게 됐어요. 엄마와 소년은 무슨 이야기를 했을까요? 알맞은 말풍선에 색칠하세요.

`사고력`

엄마의 말

어머, 이게 뭐지?

이 물고기는 버려야겠다

소년의 말

새 장난감이 생겼어요

장난감 병정이 돌아왔어요

 검은 괴물 인형은 무엇을 했어요? 왜 그렇게 했어요? 알맞은 대답에 ♡를 그리세요.

`독해력`

무엇을?

☐ 불길 속으로 떨어졌어요

☐ 병정을 벽난로로 밀었어요

왜?

☐ 병정이 마음에 안 들어서

☐ 병정한테 장난을 치려고

44

장난감 병정 | 다섯 번째 이야기

2주차 5일

 생각하며 준비해요

 지난 이야기를 떠올리면서 다음 글자를 따라 써 보세요.　　`어휘력`

집 에 　 다 시 　 왔 어 요

쳐 다 봤 어 요

 지난 이야기의 마지막 장면이에요.　　`사고력`
앞으로 어떤 일이 벌어질까요? 알맞은 그림을 골라 보세요.

 온몸이 불타는 중에도 외다리 병정의 눈은 발레리나 인형을 향했어요. 발레리나 인형 역시 외다리 병정을 쳐다봤지요.

☐

검은 괴물이 도와줘요

☐

발레리나 인형이 병정에게 와요

　그런데 그때였어요. 발레리나 인형이 바람을 타고 나폴나폴 날아와 벽난로 속으로 들어왔어요.

　외다리 병정은 놀란 눈으로 발레리나 인형을 바라봤어요. 그리고 둘은 서로를 꼬옥 껴안았어요. 벽난로 속 붉은 불씨는 활활 타올랐어요.

46

다음날이 되자 소년은 깜짝 놀랐어요. 외다리 병정과 발레리나 인형이 사라졌기 때문이지요.

"어? 이게 뭐지?"

소년은 그때 뭔가를 발견했어요. 벽난로 재들 사이에 심장 모양의 쇳조각과 장미 장신구가 있었어요.

소년은 그것들을 조심스레 잡아 선반 위 한곳에 살포시 포개어 두었어요.

재미있게 풀어요

 불길 속에서 외다리 병정과 발레리나는 무슨 생각을 했을까요? [사고력·표현력] 둘의 표정을 그려 보고 알맞은 답을 골라 색칠하세요.

못마땅해요

서로 닮아서 신기해요

함께 있어서 행복해요

 벽난로 불길 속으로 들어간 외다리 병정과 발레리나는 무엇이 [독해력] 되었어요? 알맞은 답에 ☆를 그리세요.

벽난로 속의 재

심장 모양 쇳조각과 장미 장신구

아이 생각 키우는 부모 Tip

발레리나 인형이 불길 속으로 날아간 이유는 뭘까?

48

바보 한스 | 첫 번째 이야기

 생각하며 준비해요

 <바보 한스>에 나오는 등장인물이에요.
알맞게 줄을 그어 보고 따라 쓰세요.

어휘력

바 보 한 스

공 주 님

 어떤 친구하고 같이 있으면 재미있어요?
자기의 생각을 찾아 자유롭게 색칠해 보세요.

사고력

똑똑한
친구

재미있게
이야기하는
친구

잘난 척하는
친구

노래를
잘하는
친구

많이 가르쳐
주는 친구

옛날 어느 나라에 재미있는 이야기를 좋아하는 공주가
있었어요. 시간이 흘러 결혼할 때가 되자 공주는 말했어요.
"저는 말을 재미있게 하는 사람과 결혼하겠어요."
공주의 말은 순식간에 나라 전체에 퍼졌어요.

　　한편 먼 시골 마을에 농부 아버지와 세 아들이 살고
있었어요. 첫째 아들과 둘째 아들은 아주 똑똑했어요.
하나를 가르치면 열을 알았지요. 하지만 셋째 아들은 늘
엉뚱하게 굴어서 '바보 한스'라고 불렸어요.
　　아버지는 첫째나 둘째가 공주의 남편이 되기를 바랐어요.

재미있게 풀어요

 공주는 어떤 사람을 좋아해요? 알맞은 답에 ☆을 그리세요. 독해력

말을 재미있게
하는 사람

많은 것을 아는
똑똑한 사람

 다음 말은 무슨 뜻일까요? 알맞은 대답에 ○를 그리세요. 사고력·독해력

 첫째와 둘째는 하나를 가르치면 열을 알았어요.

첫째와 둘째는 하나만 가르쳐도
많은 것을 알았어요

첫째와 둘째는 여러 가지를 가르쳐야
많이 알았어요

아이 생각 키우는 부모 Tip

OO이는 어떤 사람을
좋아해?

OO이는 어떤 사람이
똑똑한 사람인 것 같아?

52

📎 생각하며 준비해요

 지난 이야기를 떠올리면서 다음 글자를 따라 써 보세요. [어휘력]

 똑 | 똑 | 해 | 요

 엉 | 뚱 | 해 | 요

 지난 이야기를 떠올리면서 알맞은 대답에 O 표시를 하세요. [사고력 · 독해력]

공주는 말을 (멋있게 | 재미있게) 하는 사람을 좋아해요.

공주의 마음에 들려면 (값비싼 옷 | 재미있는 이야기)을/를
준비하는 것이 좋을 것 같아요.

아버지는 첫째와 둘째에게 멋진 말을 하나씩 내주었어요. 첫째와 둘째 아들은 값비싼 옷으로 갈아입고 좋은 이야기가 가득 담긴 책을 챙겼어요.

이때 막내 한스가 다가와 물었어요.

"아버지! 형들에게 왜 말을 주는 거예요? 그렇게 멋진 옷을 입고 어딜 가는 거예요?"

"공주님이 남편감을 구한단다. 형들은 이제 궁전으로 갈 거야."

"그럼 나도 갈래요! 나도 공주님의 남편이 되고 싶어요!"

두 형은 한스의 말에 '풋'하고 비웃었어요.

"한스, 넌 뭘 타고 갈 건데?"

한스는 주위를 둘러보더니 염소를 손가락으로 가리켰어요.

"나는 저 염소를 타고 가면 돼!"

재미있게 풀어요

 첫째와 둘째는 무엇을 준비했어요?
그것을 왜 준비했어요? 알맞은 대답에 ♡를 그리세요.

사고력 · 독해력

무엇을?	왜?
☐ 책 	☐ 공주님에게 멋있게 보이려고
☐ 염소	☐ 공주님에게 재미있는 말을 해 주려고

 두 형은 한스의 말을 듣고 비웃었어요. 마음속으로 무슨 생각을
했을까요? 어울리는 말에 색칠하세요.

사고력

바보 같은 너는 공주님과 결혼할 수 없어.

너는 공주님의 남편감으로 어울려.

나도 염소를 타고 가고 싶어.

아이 생각 키우는 부모 Tip

○○이는 왕자님과 공주님을 만나러 간다면 뭘 가져가겠어?

바보 한스 | 세 번째 이야기

 생각하며 준비해요

 지난 이야기를 떠올리면서 다음 글자를 따라 써 보세요. 　　어휘력

궁 전 으 로 　 가 요

비 웃 었 어 요

 지난 이야기의 마지막 장면이에요.
앞으로 어떤 일이 벌어질까요? 알맞은 그림을 골라 보세요. 　　사고력

"나는 저 염소를 타고 가면 돼!"

 □  □

한스는 염소를 타고
형들과 함께 궁전으로 가요

형들이 공주에게
염소를 자랑해요

　형제는 공주가 있는 궁전으로 향했어요. 한스는 두리번

거리며 길을 가다가 형들을 불렀어요.

　"형들! 이것 봐! 공주님께 드릴 거야!"

　한스가 죽은 까마귀를 손에 들고 흔들었어요.

　형들은 한스 쪽을 뒤돌아보고는 한숨을 푹 내쉬었어요.

한스는 틈만 나면 형들을 불렀어요.

"형들! 이번엔 낡은 나막신이야! 공주님이 좋아하실 거야."

게다가 한스는 진흙을 두 손 가득 집어 주머니에 담기까지 했어요. 형들은 한스를 보며 고개를 절레절레 흔들었어요.

재미있게 풀어요

 한스가 공주님에게 드리려고 준비한 것을 차례대로 그려 보고 알맞은 단어를 <보기>에서 찾아 쓰세요.

독해력

| <보기> | 염소 | 까마귀 | 말 | 나막신 | 책 | 진흙 |

① 그림

_____

단어

②

_____

③

_____

 형들은 한스를 보며 고개를 절레절레 흔들었어요.
무슨 생각을 했을 것 같아요? 어울리는 말을 찾아 색칠하세요.

사고력

멋진 생각을
하고 있군

정말
한심하군

자랑스럽군

아이 생각 키우는 부모 Tip

한스는 왜
저런 것들을 준비했을까?

바보 한스 | 네 번째 이야기

 생각하며 준비해요

 지난 이야기를 떠올리면서 다음 글자를 따라 써 보세요.   어휘력

| 한 | 숨 | 을 | 쉬 | 었 | 어 | 요 |

| 절 | 레 | 절 | 레 |

 다음 그림을 보며 오늘 나올 이야기를 상상해 보고 어울리는 말을   사고력
골라 표시해 보세요.

세 형제는 궁전에 (도착했어요 | 가지 않았어요).

공주와 결혼하기 위해서 온 젊은이가 (많았어요 | 없었어요).

세 형제는 드디어 궁전에 도착했어요. 궁전 앞은 공주와 결혼하기 위해 찾아온 젊은이들로 가득했어요.

젊은이들은 하나둘씩 공주의 방 안으로 불려갔어요.

세 형제 중에는 첫째가 가장 먼저 방으로 들어갔지요.

방에 들어온 첫째는 방 안이 너무 뜨거운 바람에 땀이
뻘뻘 났어요.

"방이 무척 뜨겁네요."

"임금님이 닭을 굽고 있어서요."

공주의 말에 당황한 첫째는 아무 대답도 못 했어요. 뒤이어
불려 온 둘째 역시 우물쭈물해서 공주는 실망했어요.

재미있게 풀어요

누가 무슨 말을 했어요? 알맞은 대답에 줄을 그으세요. 독해력

 •

• "임금님이 닭을 굽고 있어서요."

 •

• "방이 무척 뜨겁네요."

공주가 실망한 이유가 뭐예요? 알맞은 답에 O를 그리세요. 독해력

아무도 재미있는
대답을 안 해서

임금님이 자꾸
닭을 구워서

바보 한스 | 다섯 번째 이야기

 생각하며 준비해요

 지난 이야기를 떠올리면서 다음 글자를 따라 써 보세요. 　어휘력

| 우 | 물 | 쭈 | 물 | 했 | 어 | 요 |

| 실 | 망 | 했 | 어 | 요 |

 지난번 〈바보 한스〉 이야기를 기억해 보고 순서에 맞는 번호를 쓰세요. 　사고력 · 독해력

 1

드디어 한스의 차례가 되자 공주는 시큰둥한 얼굴로
말했어요.

"임금님이 닭을 굽고 있어서 방이 많이 더워요."

"그렇군요! 그럼 제가 가져온 까마귀도 같이 구울까요?"

한스의 대답에 공주는 눈이 동그래졌어요.

"좋아요. 그런데 까마귀를 담을 그릇이 없는데 어떡하죠?"

공주의 말에 한스는 낡은 나막신을 내밀더니 까마귀를
그 위에 올렸어요.

공주는 웃음이 나오려는 것을 꾹 참았어요.

"양념은요?"

공주가 묻자 한스가 주머니에 있던 진흙을 꺼내 까마귀 위에 뿌렸어요.

공주는 환하게 웃으며 말했어요.

"당신은 정말 재미있는 사람이네요! 당신과 결혼하겠어요!"

그렇게 바보 한스와 공주는 결혼해서 행복하게 잘 살았다고 해요.

재미있게 풀어요

 다음은 이야기의 한 장면이에요. 공주는 어떤 표정이었을까요? 〔사고력·표현력〕
공주의 얼굴을 그리고 알맞은 생각을 골라 색칠해 보세요.

> 드디어 한스의 차례가 되자 공주는 시큰둥한 얼굴로 말했어요.
> "임금님이 닭을 굽고 있어서 방이 많이 더워요."

저 사람도
재미없을 거야

이번엔 기대가 돼

저 사람과
결혼하고 싶어

 까마귀도 같이 굽자는 한스의 말에 공주의 눈이 동그래졌어요. 〔사고력〕
그 이유로 알맞은 대답을 찾아 O를 그리세요.

재치 있는 말을 해서

너무 이상한 말을 해서

아이 생각 키우는 부모 Tip

OO이가 공주님을 만났다면
어떤 대답을 했을 것 같아?

엄지 공주 | 첫 번째 이야기

 생각하며 준비해요

 그림에 알맞은 단어를 찾아 줄을 긋고 따라 쓰세요.

어휘력

 · ·  씨 앗

 · ·  엄 지 공 주

 어느 날 꽃의 요정이 찾아와 씨앗을 주었어요. 그 씨앗이 자란 꽃잎에 무엇이 있었으면 좋겠어요? 그림을 그리고 이야기해 보세요.

사고력·표현력

〈보기〉
귀여운 강아지가 있었으면 좋겠어요. 강아지를 정말 키우고 싶어요.

아이를 너무나 가지고 싶어 하는 아주머니가 있었어요.
아주머니는 밤마다 어여쁜 아이를 가지게 해달라고
기도했어요.

그러던 어느 날, 꽃의 요정이 찾아와 씨앗 하나를 건넸어요.

아주머니는 화분에 씨앗을 심고 햇볕이 잘 드는 자리에 놓았어요. 매일 아침 물을 듬뿍 주었더니 꽃봉오리가 올라왔어요.

얼마 지나지 않아 꽃잎이 활짝 피었지요. 그 안에는 엄지손가락만 한 작은 소녀가 있었어요!

아주머니는 소녀를 '엄지 공주'라고 부르며 아껴 주었어요.

재미있게 풀어요

 꽃의 요정은 아주머니에게 씨앗을 건네면서 무슨 말을 했을까요? 알맞은 말에 색칠하세요. 사고력

이 씨앗을 정성껏 키우면 아기를 얻을 거예요.

이 씨앗을 잘 간직하면 맛있는 열매가 열릴 거예요.

 꽃잎에서 엄지손가락만 한 작은 소녀를 봤을 때 아주머니의 마음은 어땠을까요? 알맞은 감정을 모두 골라 색칠하세요. 사고력

행복해요

설레요

실망했어요

즐거워요

귀찮아요

무서워요

아이 생각 키우는 부모 Tip

○○이는 꼭 가지고 싶은 게 있어?

📎 **생각하며 준비해요**

 지난 이야기를 떠올리면서 다음 글자를 따라 써 보세요.   어휘력

  꽃의 요정

  작은 소녀

 다음 그림을 보며 오늘 나올 이야기를 상상해 보고
알맞은 대답에 ♡를 그리세요.   사고력

두꺼비와 엄지 공주는
친구가 되어요

두꺼비는 엄지 공주를
몰래 데려가요

캄캄한 밤, 엄지 공주는 쌔근쌔근 깊은 잠에 빠져 있었어요.
그런데 이때, 커다란 두꺼비가 창문 틈으로 들어왔어요.

"어? 작고 귀여운 아이로군! 내 아들의 신부로 만들어야지."

두꺼비는 잠든 엄지 공주를 아들 두꺼비에게 몰래 데려
갔어요.

잠에서 깬 엄지 공주는 연잎 위에 올려져 있었어요. 그때 아들 두꺼비가 다가왔어요.

"개굴개굴, 넌 이제 내 신부가 될 거야!"

엄지 공주는 깜짝 놀라 울음을 터뜨리고 말았어요.

재미있게 풀어요

 두꺼비가 엄지 공주를 몰래 데려간 이유는 뭐예요?
알맞은 답에 ☆를 그리세요.

독해력

엄지 공주와 친구를
하고 싶어서

아들의 신부로
만들고 싶어서

 아들 두꺼비의 말을 들은 엄지 공주는 무슨 생각을 했을까요?
알맞은 대답을 찾아 색칠하세요.

사고력

무서워.
집에 가고 싶어.

재미있는 일이
생길 것 같아.

지루해.
다른 친구와
놀고 싶어.

아이 생각 키우는 부모 Tip

두꺼비의 성격은
어떤 것 같아?

엄지 공주는 이 상황을
어떻게 해결할 수 있을까?

엄지 공주 | 세 번째 이야기

 생각하며 준비해요

지난 이야기를 떠올리면서 다음 글자를 따라 써 보세요. 　어휘력

| 몰 | 래 | | 데 | 려 | 갔 | 어 | 요 |

| 울 | 음 | 을 | | 터 | 뜨 | 려 | 요 |

 다음 그림을 보며 오늘 나올 이야기를 상상해 보고 어울리는 말을 　사고력
골라 표시해 보세요.

물고기들은 울고 있는 엄지 공주가 (부러웠어요 | 불쌍했어요).

물고기들은 엄지 공주를 (도와줄 것 같아요 | 괴롭힐 것 같아요).

  냇가에서 헤엄치고 있던 물고기들이 엄지 공주의
울음소리를 듣고 다가왔어요.

  "어쩌다가 두꺼비에게 끌려왔을까?"

  "우리가 도와주자!"

  물고기들은 엄지 공주가 타고 있던 연잎의 줄기를 물어
뜯었어요. 엄지 공주가 타고 있던 연잎은 물줄기를 따라
멀리 흘러갔어요.

연잎이 강가에 다다르자 풍뎅이들이 다가왔어요. 풍뎅이들은 어여쁜 엄지 공주를 붙잡아 나무 위로 데리고 갔어요.

"뭐야, 가까이서 보니까 이상하게 생겼잖아!"

"날개도 없고 다리도 두 개밖에 없어."

풍뎅이들은 엄지 공주를 숲속에 버리고 날아가 버렸어요.

재미있게 풀어요

 물고기들은 연잎의 줄기를 잘라주었어요. 엄지 공주와 물고기는 사고력
무슨 말을 했을까요? 알맞은 말풍선에 색칠하세요.

엄지 공주의 말

물고기의 말

여기서
놀고 싶어요

얼른
도망가요

도와줘서
고마워요

두꺼비와
친하게 지내요

 풍뎅이들이 엄지 공주를 숲속에 버리고 간 이유가 뭐예요? 독해력
알맞은 답에 ☆를 그리세요.

엄지 공주가 말을
재미있게 못 해서

엄지 공주의 생김새가
자신들과 달라서

아이 생각 키우는 부모 Tip

숲속에 버려진 엄지 공주는
어떤 기분일까?

네가 엄지 공주라면
어떻게 할 것 같아?

80

엄지 공주 | 네 번째 이야기

 생각하며 준비해요

 지난번 <엄지 공주> 이야기를 기억해 보고 순서에 맞는 번호를 쓰세요. 사고력·독해력

1

 지난 이야기를 떠올리면서 다음 글자를 따라 써 보세요. 어휘력

멀 리 흘 러 갔 어 요

데 리 고 갔 어 요

혼자 남겨진 엄지 공주는 풀잎과 찬 이슬을 먹으며
지냈어요.

찬바람 쌩 부는 겨울이 되자 오들오들 몸이 떨렸지요.
다행히 지나가던 들쥐 아주머니가 엄지 공주를 보았어요.

"어머, 딱해라. 우리 집으로 가서 따뜻한 음식을 먹자꾸나."

엄지 공주는 들쥐 아주머니와 함께 지내게 되었어요.

어느 날, 들쥐 아주머니는 엄지 공주에게 두더지를 소개
했어요.

"두더지는 참 괜찮은 남자란다. 둘이 결혼하면 좋을
텐데."

두더지는 엄지 공주를 보자마자 첫눈에 반해서 매일
결혼하자고 졸랐어요.

엄지 공주는 두더지와 결혼하고 싶지 않았어요. 하지만
들쥐 아주머니가 원하는 대로 두더지와 결혼하기로 했어요.

재미있게 풀어요

 누가 무엇을 했어요? 알맞은 것에 줄을 이으세요. 독해력

매일 결혼하자고
졸랐어요.

두더지를 소개해
주었어요.

결혼하고 싶지
않았어요.

 엄지 공주는 두더지와 결혼하기로 했어요.
그 이유로 알맞은 답에 ☆을 그리세요. 독해력

두더지를 보고
첫눈에 반해서

들쥐 아주머니의
말대로 하려고

  아이 생각 키우는 부모 Tip

○○이는 하기 싫은 일을
억지로 한 적이 있어?

엄지 공주 | 다섯 번째 이야기

4주차 5일

 생각하며 준비해요

 지난 이야기를 떠올리면서 다음 글자를 따라 써 보세요.  어휘력

함 께 지 내 요

소 개 했 어 요

 다음 그림을 보며 오늘 나올 이야기를 상상해 보고  사고력
어울리는 말을 골라 표시해 보세요.

엄지 공주는 제비를 (돌봐 주었어요 | 내버려 두었어요).

제비는 엄지 공주를 (미워할 것 같아요 | 도와줄 것 같아요).

　두더지와 결혼할 생각에 슬퍼진 엄지 공주가 산책을
하고 있었어요. 그때 제비 한 마리가 차갑게 얼어붙은 채
쓰러져 있는 것이 보였어요.

　엄지 공주는 불을 피워 따뜻하게 만들고, 풀잎을 모아
제비에게 덮어 주었어요. 엄지 공주 덕분에 제비는 무사히
깨어날 수 있었지요.

마침내 두더지와의 결혼식 날이 되었어요. 엄지 공주는
몹시 슬퍼 보였어요.

그때 갑자기 제비가 날아왔어요. 제비는 엄지 공주를
태우고 훨훨 날아갔지요.

"저는 당신이 구해 주었던 제비랍니다. 은혜를 갚으러
왔어요."

제비는 엄지 공주를 아름다운 꽃의 나라에 데려가 주었
어요. 꽃의 나라에서 엄지 공주는 꽃의 요정들과 함께
오래오래 행복하게 살았답니다.

📎 재미있게 풀어요

 제비는 엄지 공주를 태우고 날아갔어요.
그 이유로 알맞은 답에 색칠하세요. 독해력

엄지 공주와 함께
놀고 싶어서

엄지 공주에게
은혜를 갚고 싶어서

 엄지 공주는 꽃의 나라에서 무엇을 할 것 같아요?
마지막 장면을 그림으로 그려 보고 자유롭게 이야기해 보세요. 사고력·표현력

아이 생각 키우는 부모 Tip

OO이는 꽃의 나라에 가면
뭘 하면서 놀고 싶어?

88

이야기 놀이

＊ 다음은 〈인어 공주〉, 〈장난감 병정〉, 〈바보 한스〉, 〈엄지 공주〉
　이야기의 한 장면입니다.

＊ 장면을 떠올리며 자유롭게 색칠하고 내용을 이야기해 보세요.

정답과 해설

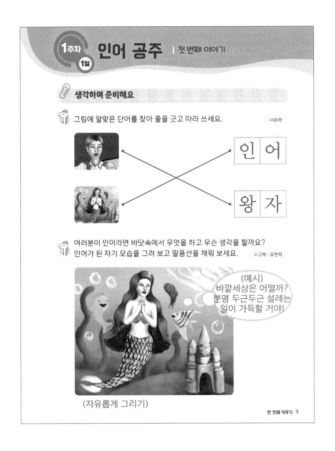

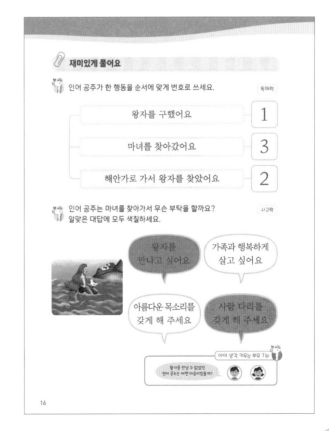

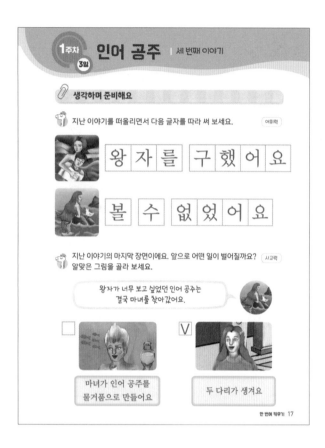

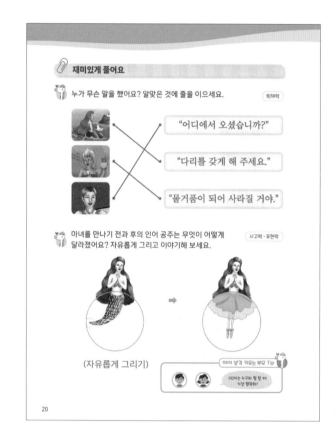

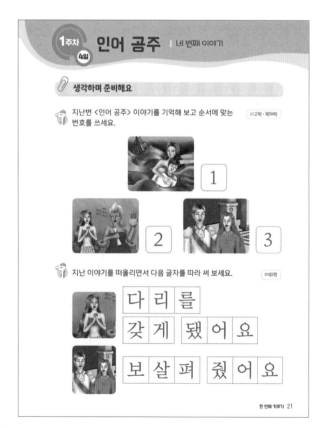

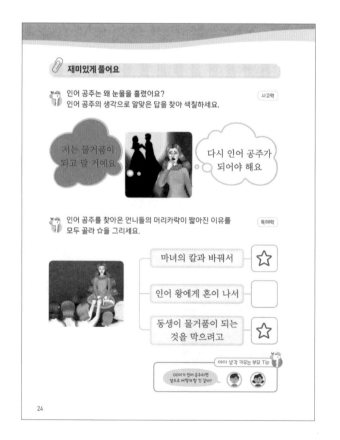

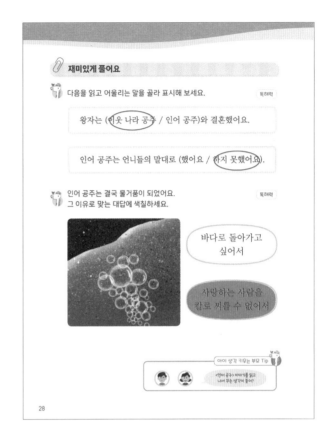

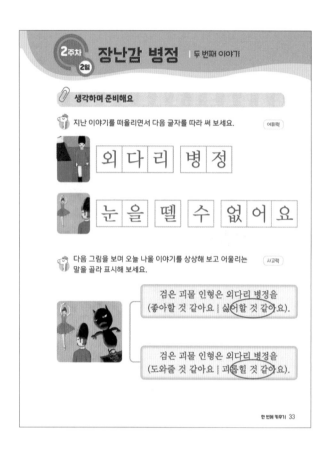

2주차 2일 장난감 병정 | 두 번째 이야기

생각하며 준비해요

지난 이야기를 떠올리면서 다음 글자를 따라 써 보세요. (어휘력)

외 다 리 병 정

눈 을 뗄 수 없 어 요

다음 그림을 보며 오늘 나올 이야기를 상상해 보고 어울리는 말을 골라 표시해 보세요. (사고력)

검은 괴물 인형은 외다리 병정을 (좋아할 것 같아요 | 싫어할 것 같아요).

검은 괴물 인형은 외다리 병정을 (도와줄 것 같아요 | 괴롭힐 것 같아요).

한 번에 키우기 33

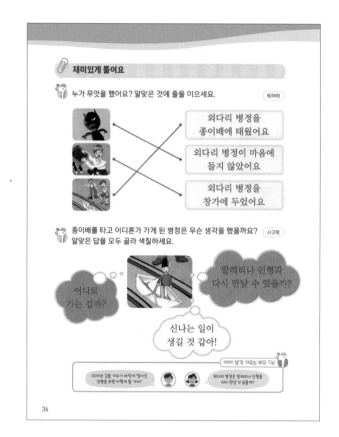

재미있게 풀어요

누가 무엇을 했어요? 알맞은 것에 줄을 이으세요. (독해력)

- 외다리 병정을 종이배에 태웠어요
- 외다리 병정이 마음에 들지 않았어요
- 외다리 병정을 창가에 두었어요

종이배를 타고 어디론가 가게 된 병정은 무슨 생각을 했을까요? 알맞은 답을 모두 골라 색칠하세요. (사고력)

어디로 가는 걸까?

발레리나 인형과 다시 만날 수 있을까?

신나는 일이 생길 것 같아!

아이 생각 키우는 부모 Tip

36

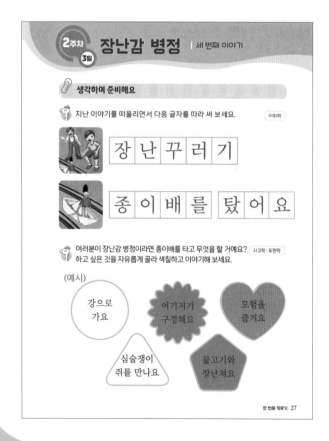

2주차 3일 장난감 병정 | 세 번째 이야기

생각하며 준비해요

지난 이야기를 떠올리면서 다음 글자를 따라 써 보세요. (어휘력)

장 난 꾸 러 기

종 이 배 를 탔 어 요

여러분이 장난감 병정이라면 종이배를 타고 무엇을 할 거예요? (사고력·표현력) 하고 싶은 것을 자유롭게 골라 색칠하고 이야기해 보세요.

(예시)

강으로 가요

여기저기 구경해요

모험을 즐겨요

심술쟁이 쥐를 만나요

물고기와 장난쳐요

한 번에 키우기 37

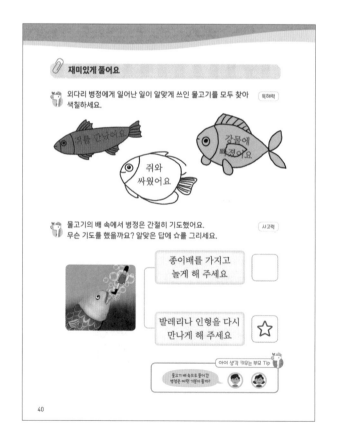

재미있게 풀어요

외다리 병정에게 일어난 일이 알맞게 쓰인 물고기를 모두 찾아 색칠하세요. (독해력)

쥐를 만났어요

강물에 빠졌어요

쥐와 싸웠어요

물고기의 배 속에서 병정은 간절히 기도했어요. 무슨 기도를 했을까요? 알맞은 답에 ☆를 그리세요. (사고력)

종이배를 가지고 놀게 해 주세요

발레리나 인형을 다시 만나게 해 주세요 ☆

아이 생각 키우는 부모 Tip

40

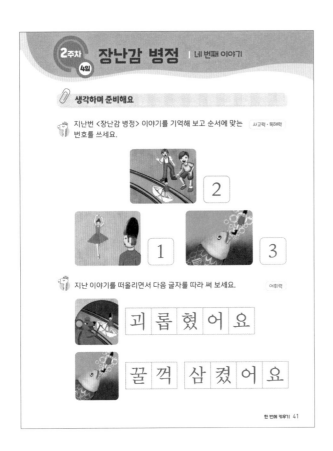

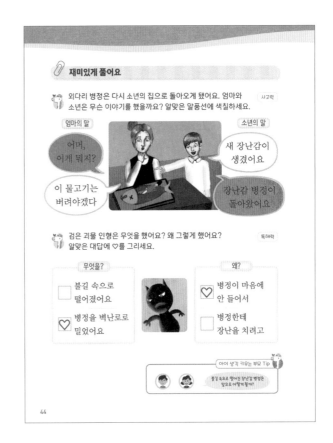

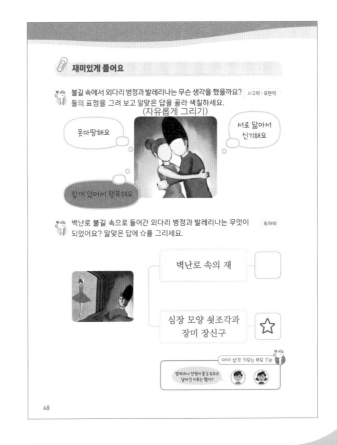

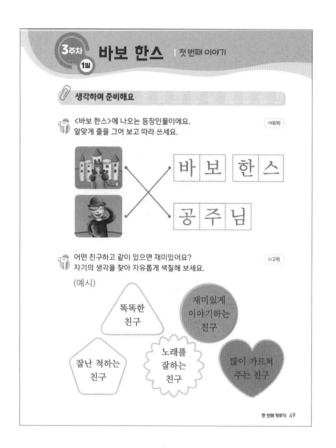

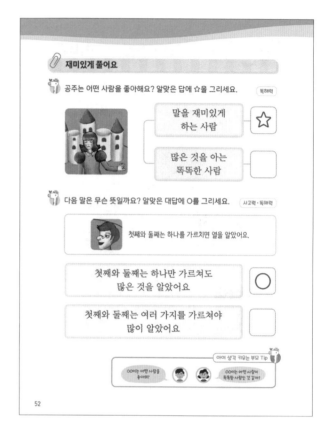

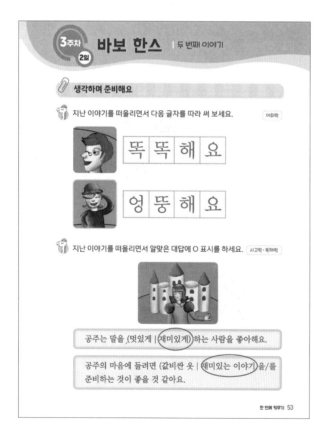

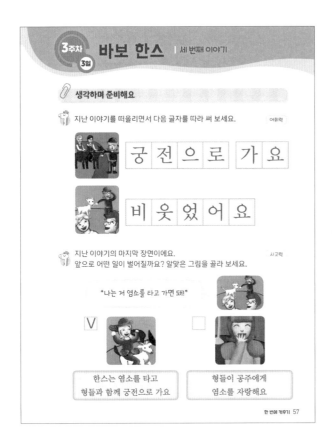

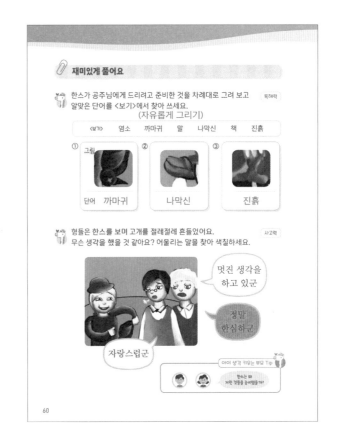

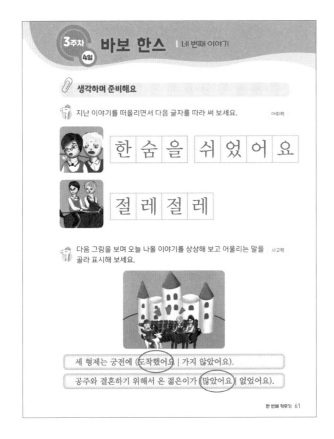

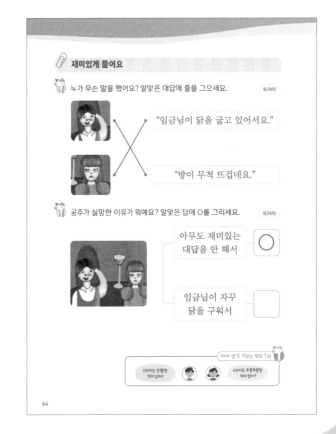

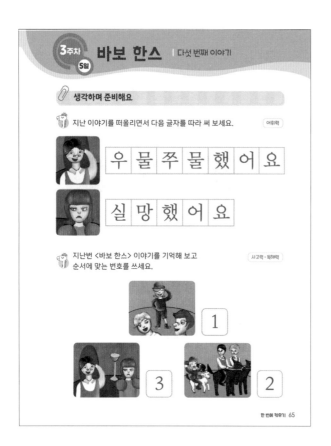

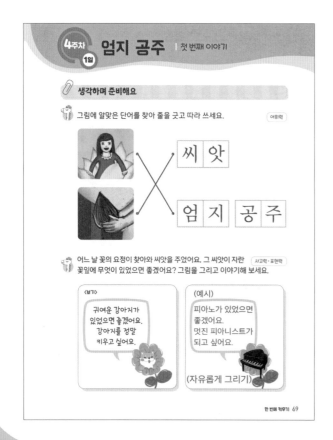

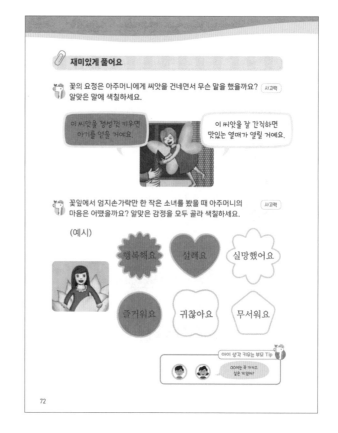

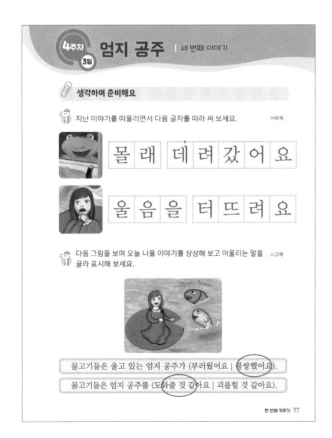

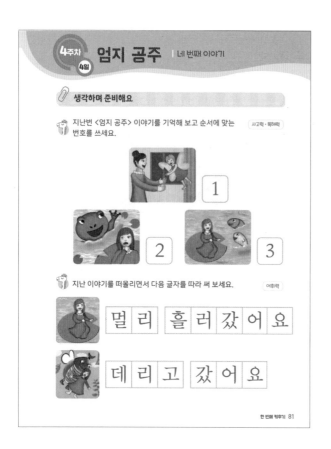

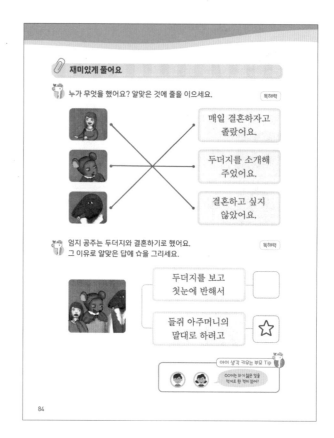

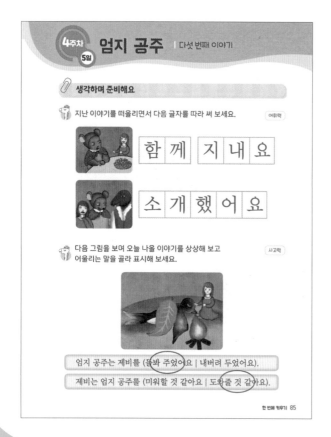

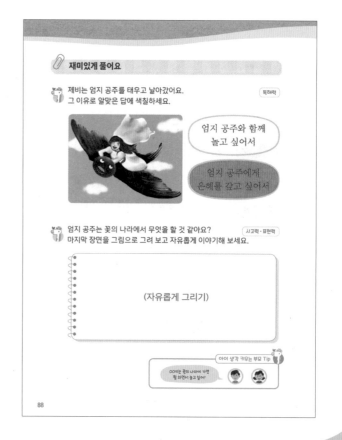